Vincenzo Vinciguerra

L'età del Gambrinus

Titolo | L'età del Gambrinus

Autore | Vincenzo Vinciguerra

Immagine di copertina |

ISBN |978-1-291-83183-2

Prefazione

La storia di Napoli è un capitolo della storia d'Italia che può tranquillamente essere letta anche attraverso alcuni suoi monumenti particolari, quali, castelli, chiese, palazzi, se non addirittura piazze e strade , ma anche attraverso dei particolari locali pubblici, quale, ad esempio , il "Gambrinus". Locale, ovunque noto, in Italia così come pure fuori dai confini nazionali, intorno al quale, per circa due secoli, ha girato la ruota della civiltà e del progresso della città partenopea.

Locale, il quale nel momento di massimo fulgore, smise di essere unicamente un "caffè", anche se tra i più conosciuti e prestigiosi, per divenire un monumento della città di Napoli, noto in ogni angolo del mondo.

Il lavoro, riccamente documentato ed esaustivo dell'argomento. Non vi è, infatti, scritto, antico o recente, in cui si parla di questo locale, che non sia stato accuratamente vagliato, analizzato e citato.

La ricostruzione storica che, tra l'altro, pone pure in evidenza naturali capacità di analisi e sintesi da parte del Vinciguerra, parte dai lontani anni in cui si affermarono tali tipi di locali pubblici, per giungere sino ai nostri giorni. Tutto questo passando attraverso approfondimenti mirati, nell'ottica di una migliore conoscenza della realtà civile in ogni sua forma ed aspetto: il tutto in una sequenza temporale suggestiva e avvincente. In merito a questo studio va anche detto che esso riesce pure a coinvolgere tutti quegli elementi i quali compongono ogni profilo legato alla spiritualità dei vari momenti storici che dalla lettura scorrono sotto i nostri occhi.

La cristallina acqua del sapere, che zampillante sgorga dalla fontana della conoscenza, è, infatti, l'unica in grado di mondare l'animo umano da ogni macchia di odio verso la diversità dei propri simili e generare sinceri sentimenti di tolleranza, comprensione, fratellanza e amore.

Vincenzo Cuomo
Membro Società Italiana di Storia Militare

Capitolo I

I decenni di fine Ottocento ed inizio Novecento a Napoli, sono caratterizzati da un profondo rinnovamento, sia in campo artistico che culturale. Non solo, in quanto la città divenne anche uno dei centri intellettuali tra i più vivaci d'Italia. Lo stesso filosofo Benedetto Croce ebbe infatti a rilevare di tale rinascita, così come della grande validità artistica di alcuni poeti, tra cui in primis Salvatore Di Giacomo, creatore di versi ad altro profilo intellettuale.
In merito a tale rinascita va rilevato che la città partenopea raggiunge questo acme culturale ed intellettuale, paradossalmente, a poca distanza dalla perdita del proprio rango di capitale del Regno. Ciò, non fu però causale, in quanto, la rottura delle fantine ed il contatto con una realtà più avenvata fu un indubbio stimolo e diede linfa agli intellettuali locali. Non solo, in quanto la scomparsa di una dinastia che avversava scrittori e giornalisti, contribuì, anch'essa, alla crescita dell'istruzione e dell'erudizione.
Tale libertà intellettuale ed il notevole fermento nel campo del sapere a Napoli, nel caso di quegli anni, si incarna essenzialmente nelle figure di forte personalità, di Edoardo Scarfoglio e Matilde Serao. Costoro, ancora oggi, costituiscono un monumento legato alla vivacità di pensiero di fine secolo destinato a concludersi con la Grande Guerra. L'acme della loro presenza in questo panorama fulgido ed entusiasmante sarà la fondazione del quotidiano " Il Mattino " nel 1892. Da parte dello Scarfoglio, destinato a restare la creatura più vitale del giornalismo napoletano.

Anche la Serao intese creare una testata tutta sua che fu "Il Giorno". In merito a questa donna va, infine, altresì rilevato, anche per la sua compassione e comprensione dei poveri, che nel tempo riuscì ad acquisire rilievo ed incisività personale. Ornalità che la condurranno a superare la sua immagine di giornalista per andarsi a sublimare in una vera e propria istituzione.

Nella città di Napoli, da sempre, era presente anche un'altra espressione artistica, di origine antichissima, intreccio tra musica e lirica, la cosiddetta: canzone napoletana classica. Erano canzoni tese a diffondere con incantevole grazia, tra gaiezza e malinconia, il fascino di una Napoli antica, arcaica e misteriosa. Inizialmente furono solo delle melodie orecchiabili, per poi, elevarsi ad un livello decisamente superiore, tanto da dare l'avvio anche ad iniziative industriale e commerciali. Tra esse, la più nota, che conobbe anche grande diffusione in tutta Europa, indubbiamente è stato quello spettacolo di varietà, passato alla storia con il nome di " Cafè-Chantant".

Le origini di questo cantare in pubblico, accompagnato da movimenti e rappresentazioni artistiche, fa risalire le proprie origini di " posteggiatori" . Affiatati complessi che, ad iniziare dai secoli del tardo Medioevo, con espressioni semplici, ma sempre intrise di un forte sentimento passionale, di malinconia o letizia, si esibivano, cantando canzoni, in locali pubblici, da semplici trattorie a lussuosi ristoranti. Queste canzoni, con lo scorrere dei secoli, entrarono così profondamente nel cuore e nella mente della gente, da divenire parte della loro spiritualità. Nel momento poi in cui questi " posteggiatori", giunti a metà dell'Ottocento, elevarono il loro stile ed il loro canto ad un livello superiore, molti locali pubblici inteso dotarsi in pianta stabile di tali artisti canori. Tra questi non poteva mancare il " Gran Caffè Gambrinus".

Nel tornare ai "Cafè-Concerto" abbiamo che essi, sempre a fine Ottocento, oltre ai "posteggiatori", in alcuni casi divenuti delle vere orchestrine, come ad esempio al " Gambrinus" anche di una figura artistica femminile molto particolare: La Sciantosa. Termine che è l'italianizzazione della parola francese " chanteuse", che sta per cantante.

Infatti, inizialmente le sciantose erano delle giovani donne dedite al canto in questi locali, di brani ed arie tratti da liriche o operette. In sintesi, si può quindi vedere nella "sciantosa" una riduzione in tono minore di quella che era la grande diva del teatro d'opera. Con il passare del tempo, il termine iniziò però sempre più ad acquisire un diverso significato. Le sciantose erano soprattutto delle donne fatali seducenti e ammaliatrici. Alle effettive capacità artistiche si iniziò quindi a preferire l'avvenenza e le caratteristiche fisiche di conseguenza, molte furono le giovani ragazze dell'epoca che, pur di scrollarsi di dosso una miseria atavica o la presenza di uno squallido protettore, si diedero al canto, puntando però più sulle loro grazie che non sulle capacità canore. Ricordiamo, altresì, che in alcuni bassi sorsero anche delle scuole di canto per queste giovinette. In non rari casi il lancio di una "sciantosa" era preparato con cura, con un gruppo di impresari che lavoravano per lei, sino all'esordio, ben pubblicizzato, in un noto locale cittadino. Comunque, tra le sciantose vi erano anche delle vere artiste. Artiste che hanno conquistato un posto di privilegio nella letteratura musicale napoletana, quale muse ispiratrici di uno o più poeti. Infatti, molti canzonieri, affascinati dalle loro grazie e dalla loro bravura, fu proprio da esse che trassero spunto per i loro versi e canti.

Capitolo II

I primi caffè a Napoli

" é una delle più significative espressioni dell'arte napoletana del secolo XIX " .
Queste furono le parole con le quali Domenico Morelli intese definire la presenza dei tanti " Caffè " esistenti nella Napoli dei suoi tempi. Tali locali erano assurti a grande prestigio e notorietà, non solo per la tradizionale bevanda che offrivano, ma soprattutto in quanto erano gradatamente divenuti dei veri e propri ritrovi e circoli culturali. La storia di questi locali parte da molto lontano e con una origine molto semplice e rudimentale.

Prima che questi Caffè divenissero locali pubblici, luoghi di incontro e fornace di intelletti, i napoletani la tazzina di caffè andavano a prenderla in alcuni bassi, di cui indubbiamente il più noto è stato quello di una certa Nannina.

I << bassi>>, - le tanto malfamate abitazioni terranee, si trasformano acquisendo così una precisa funzione, divenendo, di incontri. Nei <<bassi>> si fanno nuove amicizie; si intrecciano nuove relazioni. Si somigliano un po' tutti. Appena un vano: un tavolo al centro, un letto disfatto, una culla malferma, suppellettili in rovina. Su un fornello a carbone una caffettiera, e in una bacinella con tazzine e bicchieri. Dovunque c'è un po' di spazio, gente in attesa. In alcuni <<bassi>>c'è un pubblico distinto: è quello di via dei Mille, del Parco Margherita, di via Crispi. Sono signore e signori che si danno appuntamento nei <<bassi>> del vico Belledonne o di via Alabardieri. Nei <<bassi>>, come ai caffè di felice memoria, ci si andava e ci si tendeva l'orecchio alle chiacchiere. Vi erano <<bassi>> aperti persino la notte, come ai bei tempi della vita notturna, allegra e spensierata. Sono come la già citata Nannina, situata sui Quartieri Spagnoli, precisamente al vicoletto belledonne. Sparsa la voce, si trovava già a mezzogiorno una folla assetata di caffè che pigiava nel << basso>>. Appena il numero di clienti eccedeva, Nannina chiudeva la porta, abbassava le tendine gialle sui vetri e diceva alla figlia: << Piccerè, lava e tazze>>. Dalla macchinetta posta sulla fornacella veniva il dismemorante odore del caffè. La rinuncia di quella tazza iniziale, densa di profumo e odore, veniva apprezzata a dovere; il caffè costava cinque lire, salì a sei quando Nannina, per onorare la clientela, sostituì il tappetino lacero della tavola cerata e comprò una coperta gialla per coprire il letto prima sempre disfatto. Nel basso andava gente d'ogni grado sociale e probabilmente di fede diversa: la tazzina di caffè stabiliva fra tutti un'intesa commovente, un contrasto con la vita dura, di fuori.

Gran Parte delle vicende di Napoli, negli ultimi duecento anni , si è svolta, o ha avuto origine nei numerosi " Caffè " cittadini sparsi un po' dappertutto, in ogni rione della vecchia Napoli. Erano ritrovi assiduamente frequentati da scrittori, poeti, pittori, filosofi, giornalisti, scultori, politici, nobili, attori, impresari, affaristi.

Nei Caffè si elaboravano programmi, si organizzavano complotti, si stipulavano contratti. Gli avvenimenti politici, mondani, culturali, artistici, avevano una loro eco nei Caffè, e davano luogo a commenti, critiche, a pareri. Durante il periodo di maggiore gloria che fu indubbiamente l'Ottocento, ebbero subito a segnalarsi per un rilievo umano, politico e letterario, il " Fortuna ", i "Santi Apostoli " ed il " Caffè dei Tribunali ". Quest'ultimo poi sempre frequentato e gremito da un gran numero di avvocati, intenti a dissertare su leggi e sentenze. Ancora vi erano lo " Storace ", particolarmente caro ad Antonio Petito, il " Vacca ", che era ubicato nella Villa Comunale; ed il " Caffè Italia", che prima dell'Unità d'Italia era denominato " Delle due Sicilie". Esso situato a metà Toledo, di fronte a San Giacomo ,sbocciava sui vicoli malfamati dei Quartieri. Attirava la specialità della ditta, il gelato di caffè bianco, misterioso mantecato che aveva sapore di caffè e colore di giglio. Ubicato in via Toledo era costante meta soprattutto di quei patrioti risorgimentali, che per amore della libertà e dell'Unità d'Italia avevano patito lunghi anni di detenzione nei penitenziari borbonici. Tra i frequentatori troviamo, Giacomo Leopardi, all'epoca in cui il poeta abitava al vico Pero a Santa Maria degli Scalzi. Egli era un gran consumata di gelati, sorbetti e spumoni. Era questa, forse, la sua sola << solitaria gioia>>. Al "Caffè Italia" andava anche il Duca Sandonato Gennaro Sambiase, sindaco di Napoli dal 1876 al 1878, noto per aver iniziato il lavori della direttissima Roma-Formia-Napoli, e per la costruzione della Cassa Armonica nella Villa Comunale. Vi aveva istallato il suo quartier generale, in villa, e qualche volta vi teneva perfino qualche riunione della Giunta comunale .Tra gli avventori ancora ricordiamo :

Domenico Mauro. Letterato, altamente stimato da Francesco De Sanctis e noto, prima di divenire deputato al Parlamento, anche per aver lottato nelle fila dei Garibaldini.

Luigi Tinelli, apprezzato scrittore di critica letteraria e argomenti politici; nonché Salvatore Morelli e Giovanni Bovio.

Il panorama ovviamente, non si esaurisce qui. Tra questi " Caffè", i quali normalmente aprivano i battenti di buon mattino e li chiudevano a tarda sera, abbiamo pure il " Diodati " , che raggiunse la massima notorietà nella seconda metà dell'Ottocento. Ubicato in Piazza Dante, sotto il Palazzo Mastelloni, era il ritrovo prediletto dei professori dei medici del Policlinico e dei giornalisti del " Pungolo ". Noto giornale dell'epoca, la cui redazione era ubicata poco distante. Questi frequentatori, i quali erano indubbiamente dei validi rappresentanti della borghesia intellettuale napoletana dei loro tempi, trascorrevano ivi gran parte del proprio tempo libero. Seduti ai tavoli dissertavano su problemi inerenti la loro professione, ma anche di argomenti culturali e sociali. Questo locale, nel maggio 1895 diede inizio anche a delle audizioni all'aperto, sulla piazza, occupandovi una superficie di duecento metri quadrati. Ne diresse l'orchestrina il maestro Carlo Fanti, il quale, per la inaugurazione compose, su parole di Aniello Califano, la canzone Si stato sempe 'e ggenio, ad esaltazione del proprietario, che commosso e grato, compensò in misura davvero eccezionale per quel tempo gli autori con dieci lire ed un gelato di fragole. Cantarono al Diodati fra gli altri, Antonio Bova, Mimì Maggio, Mongelluzzo e Carmelingo. A questo punto, dopo aver esaltato le glorie del caffè Diodati, ricordiamo un originale Caffè esistito in piazza Dante e che funzionava soltanto di notte. Il gestore era un tale che, verso mezzanotte, occupava il suolo pubblico a ridosso di uno stabile e , precisamente, sotto un grande balcone all'altezza d'un ammezzato, e su cui spiccava l'insegna << Società Dante Alighieri >>. Il piano del balcone sostituiva la tettoia e faceva da riparo all'improvviso Caffè, fornito d'un fornello a carbone, un banco, una mensola, due , tre sedie; il tutto di volta in volta trasportato con un carrettino. I clienti erano vetturini da nolo, guardiani notturni, agenti di polizia e passanti. Alle prime luci dell'Alba, il Caffè sgomberava per riprendere la sua attività alla successiva mezzanotte. In via Pignasecca v'era invece, il Caffè Petruccio, aperto giorno e notte, e frequentato dopo la mezzanotte in poi da un pubblico di ogni ceto, il caffettiere sempre in maniche di camicia, d'estate come d'inverno, ospitale e cordiale. A tutti offriva la <<fragoletta>>, un dolce rosolio di sua confezione, tutto zucchero, acqua, poche gocce di alcool, e un sapore di estratto di fragola. Erano le ultime pattuglie dei nottambuli napoletani che tra gli anni trenta e quaranta andavano man mano assottigliandosi. Scomparse o disperse, la vita di notte a Napoli divenne solo un ricordo. A Largo Carità vi era poi il " De Angelis", già " Caffè degli Studenti ". La precedente denominazione gli veniva dal fatto che normalmente era frequentato dagli allievi delle adiacenti scuole e Istituti universitari. Altra caratteristica del locale era poi il fatto che nel suo interno era possibile ascoltare gran parte dei dialetti del Meridione d'Italia. Non è errato quindi definirlo una vera e propria " Casa dello Studente ".

Ciò in quanto era li che essi si incontravano, non solo per conoscersi e stringere umani rapporti di amicizia, ma anche per affrontare i problemi, dissertare sulle loro aspirazioni e commentare gli studi in corso. Frequentato tanto anche da studenti calabresi, denominati i pacchesicche. Non molto distante, erano il " Caffè Testa d'oro ", famoso per i sorbetti al pistacchio e i ponci al maraschino e , verso Via Santa Brigida, Il " Caffè d'Ancora D'oro ", gestito da un tal Peluso, noto tra i caffettieri napoletani. Sempre a via Toledo, c'era il " caffè Dell'Aurora ", dove si vendevano sigari e pipe, e si leggevano i giornali più diffusi, tra i quali il << Lume a gas >> diretto da Gaetano Somma.

All'angolo di via Taverna Penta vi era il Caffè Donzelli, preferito per i sorbetti, le bombe alla macedonia e le ricottelle di cioccolato, da un pubblico molto elegante. Sempre in via Toledo vi erano poi il Caffè della Colomba d'Oro e il Caffè Veneziano.

Non molto distante vi era il Caffè Galliano che esponeva nella vetrina centinaia di piccole botteglie di rosolio a forma di mandarino, specialità della ditta. Nella Galleria Umberto I, trionfo dell'architettura e della ingegneria del tempo, inaugurata nel 1890, era il Caffè Calzona, dove si aveva luogo ogni sera uno spettacolo di varietà. Il Calzona diede lo spunto ad Ugo Ricci ed a Trilussa per la poesia de Il cameriere Filosofo :

Voi direte: Gervasio il cameriere
È un uomo in fracche buono solamente

A rubare sui conti del cliente
E a dir quel che c'è pronto al forestiere.
E chi dà gli indirizzi agi avventori
In cerca di donnine, e alle donnine in cerca di signori ?

Esso era tra i più frequentati intorno al 1900. D'estate addobbava un palchetto con lussureggianti piante e chiamava artisti a tenere graduali rappresentazioni. Di quei cantanti il Cangiullo ricorda Diego Giannini, con la effeminata pettinatura c'o' cocco nfronte, e la briosa coppia Scarano-Moretti. Lui slanciato, nel portamento di spadaccino, e lei una simpaticona. L'orchestra era diretta dal sempre sorridente maestro Giacomo Giannini.

A questo punto ricordiamo anche un altro prestigioso locale che fu il Salone Margherita nella Galleria Umberto I. Inaugurato una settimana dopo l'inaugurazione della stessa, in breve divenne tra i più eleganti cafè.chantant di Napoli. Inizialmente, il Salone era un locale allestito con un palcoscenico e una platea di sedie e tavolini i cui frequentatori, consumando bottiglie di spumante, si godevano lo spettacolo di piccanti esibizioni di ballerine, cantanti, fantasiste e clown. Il successo poi crebbe a tal punto che i ricchi della città, iniziarono a frequentarlo sempre di più. Al Salone Margherita, intitolato alla regina di casa Savoia, si potevano ammirare delle bellissime vedettes, che avevano creato la sfrenata attrattiva della fama mondana di Parigi. Si poteva così incontrare, corteggiare e magari invitare a cena: donne come la Bella Otero, Clèo di Mérode, la Tartajada e Lina Cavalieri..

Altro importante locale a Napoli è stato il Caffè Corfinio in via Toledo, dove ebbe luogo il famoso incontro tra il poeta Ferdinando Russo ed uno sconosciuto russo che veniva da Mosca.

Don Ferdinà, - disse una sera Francesco Roseca proprietario del locale, - questo signore vuole voi. Dice che ha letto ed ammirato "'Mparaviso" e, trovandosi di passaggio a Napoli, vuole conoscere l'autore.

Lo straniero che si esprimeva a frasi tra l'italiano e il russo, appena sceso a Napoli aveva infatti chiesto in albergo di incontrare l'autore del poemetto satirico " 'Mparaviso", e gli avevano quindi consigliato di recarsi al Corfinio, " rifugio" abituale del poeta.

Un altro importante caffè-concerto era situato nella ormai scomparsa via del Porto, all'angolo della pittoresca piazza Francese. Ed era il Caffè del Commercio, frequentato da gente alla buona, per lo più mercanti, marinai e donnine allegre. Al caffè gli artisti non erano pagati, Il proprietario concedeva loro ospitalità nella sala e null'altro, gli artisti giravano col piattino, che dividevano tra loro a fine dello spettacolo. Solo il maestro – il pianista – aveva paga fissa. Ma gli incassi, con le spontanee offerte del pubblico, erano abbastanza cospicui. Ed, infine, vi era un Caffè frequentato dalla malavita che si chiamava Cafè d' 'o cecato, che era, prima del 1900, la centrale della criminalità. Era una bottega semi oscura, nè piccola né larga. Al vano d'ingresso non vi erano porte, perché il caffè non chiudeva mai, Dietro la lastra di marmo bianco del bancone di legno, vi era un cieco, il proprietario che aveva a lavoro un garzone scattante e scaltro. Proprio nel Caffè del vico delle campane si ricordano due note figure della malavita: 'A Surrentina e 'O Sciammeria, Maria Cutinelli e Gennaro Cuocolo. In quel vicolo e in quel caffè, la splendida prostituta e l'astuto giovinastro., si incontrarono, si frequentarono, e in definitiva si sposarono. I due sposi delinquenti, morirono poi uccisi da colpi di pugnali: l'una nel suo letto, l'altro in una strada di campagna. Il noto duplice assassinio occupò le cronache di tutta Italia per almeno due lustri. La vita canora, musicale e teatrale della città, si manifestava quindi nei suoi cento caffè, nei dieci teatri, nonché attraverso gli oltre venti giornali politici e satirici. Negli ottanta anni dopo l'unità d'Italia, Napoli divenne una città con una esuberanza di vita paragonabile alla sola Parigi. La Belle Epoque, a Napoli ed a Parigi ebbero termine in relazione a due grandi processi che ebbero una risonanza interminabile. il Processo Dreyfus a Parigi, e il Processo Cuocolo a Napoli. Tra tutti questi caffè presenti nella città partenopea, il più noto ed importante è stato indubbiamente il " Gambrinus". Un centro unificante politico, mondano, artistico, letterario. È stato largamente e profondamente rappresentativo, anche per la posizione centrale e dominante che occupava : al centro della città. Contatto tra il vecchio agglomerato cittadino, la Napoli del Porto e del Mercato, e il nuovo, cioè la Napoli di Chiaia e di Mergellina.

Capitolo III

Dalla nascita al Gambrinus

In Piazza Ferdinando vi era il " Gran Caffè ". La piazza, indubbiamente tra le più antiche e movimentate della città, era unanimemente considerata uno specchio di vita cittadina. Rosati ebbe infatti a definirlo " Il re del quadrilatero". Al " Gran Caffè ", sempre frequentato da personaggi illustri e di notevole rilevanza, anche a livello nazionale, si accedeva attraverso numerosi ingressi. Ciò, fece si che gradatamente lo si prese a definire anche come il " Caffè Delle Sette Porte ".

La storia dell'edificio sotto il quale era ubicato questo noto locale è legata alla sistemazione della piazza antistante il Palazzo Reale a suo tempo voluta da Gioacchino Murat, negli anni in cui, per volontà del potente cognato, fu re di Napoli. Il progetto intese rendere tale spazio, con impianto neoclassico, accosto delle concezioni urbanistiche di inizio Ottocento.

In esso era presente anche l'aspirazione di tendere ad una forte integrazione tra le sedi del potere politico e la partecipazione popolare di esse. La grande infinita piazza sembrava proprio il luogo più idoneo per tale fusione. Vincitore della gara indetta nel 1812 fu Leopolo Laperuta. Questi, dopo la restaurazione borbonica del 1815, non fu da Ferdinando I Re del Regno delle Due Sicilie, rimosso dall'incarico. Il sovrano gli concesse infatti di continuare il lavoro intrapreso, anche se affiancato dall'architetto di Corte Antonio De Simone.

Con l'avvento dell'unità d'Italia l'edificio sede del " Gran Caffè", nell'ambito della ridistribuzione delle proprietà che erano appartenute alla precedente dinastia, divenne sede della Prefettura di Napoli, passando in proprietà all'Amministrazione provinciale della città. La trasformazione politica non arrecò alcun danno al locale, anzi gli diede linfa. Infatti le sue sale saranno testimoni di quella silenziosa rivoluzione sociale che durante la " Belle Epoque" farà assurgere il ceto borghese a protagonista assoluto della vita cittadina e nazionale. Nel contempo, il "Gran Caffè", alla pari di altri locali, vedrà lievitare sempre più la propria importanza quale ritrovo di intellettuali, politici, artisti e professionisti in genere. Infatti, in esso costoro si incontreranno sino a delineare, tracciare e scrivere una nuova pagina di storia culturale dell'epoca. Non è un caso quindi che i saloni di detto locale possono essere definiti un vero e proprio momento dell'arte decorativa del modernismo a Napoli. Non solo, ma anche galleria di artisti aderenti alla corrente verista dell'Ottocento napoletano, quasi tutti allievi dell'Istituto delle Belle Arti e seguaci del Palizzi e del Morelli.

Il " Gran Caffè" nella fase iniziale era gestito da Vincenzo Apuzzo. Questi , seguendo una moda all'epoca molto diffusa in città, assunse i più noti e prestigiosi gelatai e pasticcieri esistenti. Non conento di ciò e volendo che costoro perfezionassero maggiormente le loro competenze, inviò molti di questi collaboratori a Parigi, Londra e Vienna. Ciò al fine di acquisire una ancora più raffinata conoscenza di quell'arte nella quale già erano riconosciuti maestri. In tal modo il gestore del locale, non solo riuscì a stupire la cittadinanza con dei nuovi gustosi elaborati, quando riuscì ad ottenere anche l'ambito riconoscimento di " Fornitore della Real Casa".

Il prestigio che era riuscito ad ottenere tra la popolazione cittadina, lievitò di molto anche grazie ad una particolare festa che veniva organizzata in occasione del Carnevale. Vincenzo Apuzzo infatti, ogni anno la sera del martedì grasso faceva allestire dei carri allegorici. Carri i quali, con sopra cantanti ed artisti, partendo dal "Gran Caffè" percorrevano, tra la gioia ed il giubilo di tutti, le principali strade cittadine. Per tale circostanza l'Apuzzo non badava a spese e commissionava la regia dell'evento a dei celebri artisti partenopei, tra cui Edoardo Dalbono, un artefatto celebratore del folklore locale, e Francesco Ierace (che era quello che progettava e disegnava i carri allegorici), nonché Vincenzo Migliaro e Attilio Pratella.

In merito a questa festa, la cui eco è sopravvissuta sino ai nostri giorni , va detto che aveva pure una funzione pubblicitaria. Infatti, doveva servire anche per vincere la concorrenza dell'uguale noto " Caffè d'Europa ", gestito da Mariano Vacca e presente all'altro lato della grande piazza.

Circa quest'ultimo ricordiamo che era persona stimata da intellettuali ed artisti del calibro di Giovanni Verga, Giuseppe Verdi e Tina Di Lorenzo.

La serata del martedì grasso si concludeva infine con il ritorno dei carri sul davanti del "Gran Caffè", ove il proprietario, offriva gratuitamente i prodotti del locale a tutti coloro che, in vario modo, avevano contribuito alla realizzazione dell'evento.
La generosità di Vincenzo Apuzzo doveva però, in breve condurre a devastanti effetti. Nel 1885 infatti, a causa dell'enormità dei debiti che si erano accumulati nel corso degli anni, fu costretto a vendere l'amato locale.

Se quest'anno è passato alla storia non è stato solo per tale avvenimento, ma anche perché fu l'anno in cui la giovane giornalista Matilde Serao (1856-1927) pubblicò un volume che fece molto scalpore. Era un atto di accusa contro una società che ignorava la presenza, all'interno dello stesso perimetro urbano, di una enorme massa di popolazione che viveva nella più cupa miseria e disperazione. Si trattava, in sintesi, di una inchiesta che l'anno precedente la Serao aveva pubblicato a puntate sul " Capitan Fracassa". Inchiesta volta a controbattere la proposta del Ministro Agostino Depretis che intendeva bonificare la città di Napoli sventrandone i quartieri più poveri. " Il ventre di Napoli" riecheggiava volutamente il " Le ventre de Paris", celebre romanzo di Emile Zola sulla dura realtà economica che gravava sulle classi più povere della capitale francese .

"Voi non lo conoscevate, onorevole Depretis, il ventre di Napoli: avete torto, perché voi siete il Governo e il Governo deve saper tutto. Non sono fatte pel governo, certamente, le descrizioncelle colorite di cronisti con intenzioni letterarie, che parlano della via Caracciolo, del mare glauco, del cielo di cobalto, delle signore incantevoli e dei vapori violetti del tramonto; tutta questa retorichetta a base di golfo e colline fiorite, [...] serve per quella parte di pubblico che non vuole essere seccata con racconti di miserie. Ma il governo doveva sapere l'altra parte, il governo a cui arrivano i rapporti dei prefetti, dei questori, degli ispettori di polizia, dei delegati [...] quest'altra parte, questo ventre di Napoli, se non lo conosce il Governo, chi lo deve conoscere? E se non servono a dirvi tutto , a che questo immenso ingranaggio burocratico che ci costa tanto ? "

A Vincenzo Apuzzo nella gestione del " Gran Caffè" subentrò il già citato Mariano Vacca gestore del limitrofo " Caffè d'Europa ". Ciò avvenne il 9 aprile 1890, dopo che il Vacca era risultato vincitore di una gara messa a punto dall'Amministrazione della Provincia di Napoli, proprietaria del locale. Si era in pieno clima di " Belle Epoque" ed il gemellaggio tra i due locali, non può non farci tornare alla mente quello esistente a Napoli, tra tanti altri aspetti, della vita cittadina, anche sociale.

La città infatti, nel suo "ventre", comprendeva plebe, borghesia ed aristocrazia. Alla Forza dello stato si " gemellava " quello della malavita organizzata, così come nella letteratura l'illuminismo si contrapponeva al romanticismo.

L'imprenditore Mariano Vacca nel momento in cui rilevò il locale, lo volle rendere maggiormente elegante e raffinato. Diede infatti incarico all'architetto Antonio Curri di eseguire tutti i lavori che avrebbe ritenuto opportuno. Nativo di Alberobello, era docente di Architettura ed Ornato presso la Real Università di Napoli, nonché professore onorario dell'Istituto di Belle Arti. Tra i suoi lavori più prestigiosi ricordiamo il restauro della facciata del Duomo, la decorazione della Chiesa di San Giovanni a Mare, nonché quella della " Galleria Umberto I" ; indubbiamente uno dei monumenti più rappresentativi dell'arte napoletana dell'Ottocento.

Appaltati circa una quarantina tra scultori e decoratori, costoro in breve, daranno vita ad un vero laboratorio d'arte. Laboratorio il quale suscitò ovunque ammirazione, tanto che non pochi furono i turisti i quali si recarono a visitare il nascente capolavoro. Gli artisti impegnati nei lavori di restauro e approntamento rappresentavano più di una generazione. Infatti ve ne erano di anziani come Gaetano D'Agostino, nonché di giovani tra cui Pietro Scoppetta, Francesco Paolo Diodati e Carmine Toro. Il lavoro di questi esecutori venne poi completato da quello dei pittori; alcuni destinati ad assurgere a livello di notorietà europea.

A costoro vennero commissionati quadri e pannelli altamente decorativi. Tra essi ricordiamo Giuseppe Casciaro, Attilio Pratella e Salvatore Postiglione. Non solo in quanto furono presenti, soprattutto con stupendi paesaggi; Vincenzo Migliaro, Alceste Campriani, Gaetano D'Agostino, Giuseppe Chiarolanza, Gaetano Capone e Raffaele Ragione.

A costoro sono da affiancare anche Gaetano Esposito, il quale in uno dei riquadri realizzati su una parete, eseguì una magistrale immagine di Posillipo. Giuseppe De Sanctis che dipinse, tra fasci di fiori e con uno sfondo del Castel dell'Ovo, una danzatrice di Tarantella a riposo, nonchè Carlo Brancaccio il quale eseguì invece uno scorcio della Marina Grande di Capri. Ricordiamo infine la " Lucianella " di Vincenzo Caprile e " o' mellunaro" di Vincenzo Volpe.

Comunque, non solo i dipinti impreziosirono i rinnovati locali, ma anche i marmi artistici, realizzati da Jenny e Fiore, i preziosi stucchi di Vincenzo Bocchetta, i bassorilievi di Salvatore Cepparulo, nonché le tappezzerie di Antonio Porcelli.

Il 24 gennaio 1893 Enrico Vacca, figlio e socio di Mariano, riuscì ad ottenere dall'Amministrazione Provinciale di Napoli, altri locali attigui a quelli già in suo possesso. Detti locali, in precedenza occupati dalla libreria internazionale " Dekten" , si affacciavano sia su Piazza del Plebiscito che su Via Chiaia.

Ancora una volta i lavori, di ristrutturazione ed abbellimento vennero commissionati all'architetto Antonio Curri. Nelle nuove sale nascevano così ulteriori capolavori.

In questo ambito Vincenzo Alfano eseguì la "Cariatide con vaso greco" e " Telamone con una" , Giuseppe Renda fu invece autore di "Cariatide Musa", Saverio Sortini realizzò una " Cariatide con foglie d'uva", nonché " Telamone con ghirlanda" . A costoro sono poi da affiancare i pittori che completarono l'opera decorando le pareti.

Tra essi ricordiamo Nicola Biondi, che nel suo " Dal nido" rappresentò due bambini su una scala a pioli intenti a raccogliere un uccellino morto, nonché Vincenzo Irolli il quale affrescò una fantasiosa immagine da lui definita " Piedigrotta". Al termine dei lavori i nuovi locali, con voce unanime, vennero ritenuti una piccola, ma completa galleria d'arte. In merito, non pochi furono coloro i quali, non disponendo di danaro sufficiente per l'acquisto di una consumazione, esaudivano il loro desiderio di conoscenza, ammirando gli interni attraverso le ampie vetrate.

nale raggiunto dal giovane Regno d'Italia, inserito nello scenario europeo dei suoi tempi.

Degno di nota è anche il fatto che in questo novembre 1890, all'interno della Galleria Umberto I, venne inaugurato il "Salone Margherita". In tal modo questo angolo della città, con la presenza del primo Cafè-Chantant d'Italia, il " Gran Caffè Gambrinus" e gli adiacenti teatro San Carlo ed il Palazzo Reale, divenne il cuore mondano ed intellettuale di Napoli.

Il Gambrinus sino ai giorni d'oggi

Intanto il prestigio del " Gambrinus" giorno dopo giorno vedeva sempre più lievitare la propria notorietà, mentre assumeva ancor di più una posizione di cuore politico, morale e culturale dell'intera città. Ciò, al punto che i cocchieri delle vetture a Molo praticavano forti sconti a coloro che, giunti alla stazione ferroviaria da altre città, volevano recarsi a vedere il " Gran Caffè Gambrinus".

Tale sito di ritrovo delle più eminenti figure della città, non solo nel campo artistico, intellettuale e politico, ma anche in quello pittoresco e stravagante, con il trascorrere degli anni continuò il successo. In merito, basti pensare che, non vi era persona di spicco la quale giunta a Napoli, anche per poche ore, la quale non avvertiva il bisogno di una breve visita al noto locale. Intanto le sale le si prese pure a definire con una terminologia ben precisa, in relazione a delle proprie precise caratteristiche. Nacquero così, la "Sala politica", la "Sala della vita" E la "Sala Rotonda". Altra caratteristica di questo splendido locale era pure la presenza di una intonata orchestrina, la quale, d'estate all'esterno e di inverno all'interno, allietava i presenti con le note delle canzoni napoletane più famose. Ancora sono da ricordare quelle che all'epoca venivano definite le " Dame Viennesi". Affascinanti presenze femminili che si alternavano con l'orchestra per eseguire romantici valzer. Ecco quindi ancora una volta, così come pure si leggeva in quanto rappresentava anche lo specchio quel livello internazio-

nel nome del locale, che si intrecciavano mirabilmente, questa volta in musica, la cultura viennese e quella napoletana.

Ricordiamo infine che, mentre ai tavoli si affrontavano i più importanti temi della politica e quelli legati al sapere ed all'erudizione, sulla pedana esterna furono anche date numerose audizioni legate alla tradizionale Festa di Piedigrotta. Tra i direttori di orchestra che si alternarono, ricordiamo Vincenzo Ricciardi, mentre tra i cantanti, all'epoca molto noti, Diego Giannini, Olga Florez Paganini ed Eugenio Sapio.

La cassa del "Gambrinus", nel periodo, di massima fioritura era gestita dal Cavaliere Eduardo Raspantino, il quale aveva ottenuto anche l'appalto del botteghino del poco distante Teatro "San Carlo". Personaggio conosciuto da tutti i frequentatori era poi il primo cameriere, a tutti noto come "Ciccillo". Il simpatico addetto, che mai trascurava il rapporto umano con i clienti e costantemente usava mostrare, con orgoglio, le tante lettere che nel tempo aveva ricevuto da Gabriele D'Annunzio. Lettere con le quali il poeta intendeva ricompensare " Ciccillo" per le tante consumazioni non pagate.

Giunti verso la fine dell'Ottocento, la città di Napoli, ovunque nota per i tanti uomini di cultura che con la loro fama la onoravano nel mondo, vide ancora lievitare e maggiormente il prestigio del "Gran Caffè Gambrinus". Infatti era oramai diventato punto d'onore per scultori, giornalisti, politica, artisti, e poeti, ritrovarsi in quelle sale. Sale, da cui tanti trassero ispirazione per la creazione di scritti e melodie ancora oggi apprezzati e stimati.

Motivo questo per il quale credo non sia affatto errato affermare che in quegli anni il locale era divenuto il tempio laico della città ed il forno nel quale si amalgamava il meglio del pensiero intellettuale napoletano. In merito ricordiamo che Giovanni Artieri era talmente convinto che il "Gambrinus" influisse positivamente sulla vita cittadina, da giungere a definire quel periodo: l'Età del Gambrinus.

Ad iniziare dal 1897, la famiglia Vacca cominciò però ad accusare seri problemi economici. Dopo un anno che non erano riusciti a pagare il fitto, furono costretti a sottoscrivere una nuova convenzione con la Provincia. Convenzione in base alla quale, il "Gambrinus" dovette cedere due sale. Esse erano quelle che davano su Via Chiaia ed in possesso delle decorazioni a suo tempo fatte da Federico Rossano e Filippo Antonio Cifariello. Comunque, poiché malgrado questo espediente, la situazione economica, non solo non si sanò, ma continuò ad aggravarsi, agli inizi del nuovo secolo, il locale venne rilevato da Carlo Dello Jojo. Nativo di Gragnano era già noto per essere proprietario di un pastificio. Pastificio fondato nel 1820 dal padre Antonio. La gestione, comunque, non ebbe vita lunga. Infatti, dopo qualche anno gli successe un certo Giuseppone, per poi, nel 1905 essere rappresentato dalla famiglia Esposito .Il Gambrinus era il balcone della città. L'ultimo e più recente <<sedile>> del popolo napoletano. Era la <<loggia>> della Napoli agonizzante dell'ultimo Ottocento, e il punto di riferimento e di convegno di tutta la città. Ci si vedeva, ci si incontrava al Gambrinus.

Si andava per incontrare un amico, per parlare con un avvocato, per essere presentati ad una personalità, per conoscere un uomo politico, per tendere l'orecchio alle chiacchiere, alle facezie, ai calembours, che si scambiavano gli uomini più in vista in città: artisti, giornalisti, poeti, scrittori, professori.
Tutta Napoli passava quindi, fatalmente, innanzi al Gambrinus. La terrazza, la <<loggia>> del Caffè, era una sorta di giuria permanente. Il Gambrinus, per la posizione in cui si trovava, a

cavallo tra le due piazze, e ai piedi della Prefettura, fu anche spettatore delle sollevazioni popolari nell'ultimo decennio del Ottocento. A questo punto, prima di continuare, vogliamo ricordare alcuni noti frequentatori del " Gran Caffè Gambrinus". Uomini i quali hanno influito su tanti aspetti dello scibile ed in non rari casi lasciato una profonda scia del proprio operato nel cammino della Umanità.

Francesco Girardi (1842-1912) : Vicepresidente della Camera dei Deputati. Legato fin dagli anni Novanta alla corrente clerico-moderata, divenne in seguito esponente di punta della maggioranza giolittiana, sia a livello cittadino, sia in Parlamento. Fu anche uno dei più affermati penalisti della città. Entrò alla Camera dei Deputati nel 1892, chiamato a rappresentare per la XVIII Legislatura il IV Collegio di Napoli.

Marchese Ferdinando del Carretto(1777-1861): Laureato in igegneria, tenente colonnello del genio navale, e successivamente Sindaco di Napoli.

Luigi Miraglia(1846-1903): Giurista e filosofo emiliano di nascita, insegnò Filosofia del Diritto nell'Università di Napoli. Appartenne al gruppo dei filosofi del diritto nella seconda metà del XIX secolo.

Enrico Pessina(1828-1916): Non fu solo un noto e stimato giurista, ma pure un letterato ed uno storico. Avvocato insigne, fu anche uno dei capi della Scuola Classica del Diritto Penale, alla quale, sotto l'influenza della filosofia hegeliana, diede con originalità ed equilibrio un indirizzo filosofico.

Giorgio Arcoleo(1850-1914): Nativo di Caltagirone , Giurista e letterato. Insegnò Diritto Costituzionale nelle Università di Parma e Napoli. Deputato al parlamento dal 1882 al 1900, più volte Sottosegretario di Stato, nel 1902 fu nominato senatore.

Pasquale Turriello(1936-1902): Scrittore politico partecipò

al movimento patriottico a Benevento e nel 1860, e combattè con Garibaldi. A Napoli, ricoprì vari incarichi amministrativi.

Pasquale Del Pezzo(1859-1936): Duca di Caianello – matematico italiano nato a Berlino. Si occupò di geometria degl'iperspazi ed insegnò all'università di Napoli fu Sindaco della città partenopea dal 1914-1916 fu , nel 1919, nominato Senatore del Regno.

Napoleone Colaianni(1847-1921): Nato a Castrogiovanni, nel 1926 . Fu scrittore e uomo politico, per poi arruolarsi nell'esercito di Garibaldi. Nel corso della campagna di guerra venne fatto prigioniero dalle truppe governative.

Arturo Labriola(1873-1959): Uomo politico ed economista italiano. Fu tra i leader del sindacalismo rivoluzionario. Interventista nel 1915, fu poi Ministro del Lavoro (1920-21).

Nel "Gran Caffè Gambrinus" gli avvocati avevano dei tavoli riservati soltanto per loro. Tra i frequentatori di spicco ricordiamo:

Enrico De Nicola(1877-1959): Eccellente politico e prestigioso avvocato, nonché primo Presidente della Repubblica Italiana . Fu eletto Capo provvisorio dello Stato dall'Assemblea Costituente e dal 1° gennaio 1948, assunse titolo ed attribuzioni di Presidente della Repubblica. De Nicola, inoltre, in precedenza aveva anche ricoperto la carica di Presidente del Senato, quella di Presidente della Camera dei Deputati, nonché quella di Presidente della Corte Costituzionale. In tal modo venne così a trovarsi ad essere stato a capo di quattro delle cinque maggiori cariche dello Stato.

Giovanni Porzio(1873-1962) : Politico e avvocato. Liberale, divenne Sottosegretario alla Giustizia nel governo Nitti.

Successivamente fu anche Sottosegretario alla Presidenza del Consiglio nell'ultimo Governo di Giovanni Giolitti. Ricoprì pure l'incarico di Presidente dell'Ordine degli Avvocati di Napoli.

Carlo Fiorante: Noto Avvocato penalista e figura di spicco della giurisprudenza napoletana. In Via Pasquale Scura, nel centro storico di Napoli, vi è una lapide, omaggio alla sua figura.

Luigi Maria Foschini(1867-1943): Avvocato e Senatore del Regno d'Italia, con nomina da parte del Re Vittorio Emanuele III.

Gennaro Marciano(1863-1944): Avvocato e uomo politico italiano. Fu senatore del Regno d'Italia nella XXVI legislatura.

Carlo Altobelli(1857-1917): Avvocato e deputato al Parlamento italiano. Come avvocato partecipò ai più celebri processi dell'epoca, tra cui quello legato ai fatti della Banca Romana.

I giornalisti e gli scrittori frequentavano invece la seconda sala, con ingresso da piazza San Ferdinando.

Edoardo Scarfoglio(1860-1917): Poeta, giornalista e scrittore. Fondatore insieme a Matilde Serao de " Il Mattino", giornale con il quale prometteva di dare voce alle proteste del popolo meridionale. Il primo numero uscì il 16 marzo 1892.

Mario Giobbe(1863-1906): Poeta raffinato e originale, noto per la traduzione del " Cyrano di Bergerac " di Edmondo Rostand.

Peppino Turco: Poeta e giornalista. Direttore de " Il Pungolo" e autore, insieme a Luigi Denza, di quella che per molti rappresenta una delle più importanti canzoni napoletane dell'era moderna: " Funiculì Funiculà".

Roberto Bracco(1861-1943): Giornalista, scrittore, critico drammaturgo e d'arte, è stato uno dei più grandi autori di teatro del Novecento, tanto da essere stato diverse volte candidato al Premio Nobel per la letteratura. Deputato nelle liste di Giovanni Amendola, fu però presto vittima del regime fascista. Nel 1925 fu tra i firmatari del Manifesto degli Intellettuali antifascisti, redatto da Benedetto Croce. Dichiarato decaduto dalla carica di deputato nel novembre 1926, così i suoi lavori furono progressivamente eliminati dalla circolazione. Giornalista di successo firmava i suoi pezzi con lo pseudomino di " Baby". Fu anche autore di alcune canzoni, tra queste. " Salamelic" " Nun t'o 'ffa fa" Canzone all'antica" e "L'ammore 'e Napule".

Vittorio Pica(1864-1930): Fu tra i maggiori sostenitori dell'arte italiana. Collaborò a numerose pubblicazioni a carattere artistico, interessandosi in particolare dell'incisione, sia antica che moderna. Diresse la rivista "Emporium" e collaborò alla pubblicazione dell'Atlante dell'Incisione moderna".

Nicola Daspuro: Leccese di nascita trasferitosi a Napoli. Diventò corrispondente del " Secolo" di Milano. Nel contempo fu anche collaboratore del "Teatro Illustrato" e della " Commedia Umana". Autore della commedia lirica " Amico Fritz" , si ritrovò ad essere scopritore di talenti. Suo maggiore successo in questo campo fu indubbiamente il lancio del giovane Enrico Caruso nell' "Arlesiana " di Cilea al teatro lirico di Milano nel 1898.

Achille Torelli(1841-1922): Drammaturgo. Fu sovrintendente al teatro San Carlo di Napoli. Tra le sue opere ricordiamo una versione libera del " Cantico dei Cantici ". Clamoroso successo con la commedia i "Mariti", rappresentata per la prima volta nel 1867 a Firenze.

Enrico de Leva(1867-1955): Compositore italiano, studiò al Conservatorio di Napoli, nel quale fu poi insegnante di canto. Legato a Gabriele D'Annunzio da una profonda amicizia, ebbe giovanissimo i primi riconoscimenti per la sua delicata vena poetica. Particolarmente significativo fu il sodalizio artistico che stabilì con Salvatore Di Giacomo, dalla cui collaborazione nacque, la più celebre delle sue canzoni, la gustosa e ironica " 'E spingule francese ".

Salvatore Di Giacomo(1860-1934): Poeta e narratore, noto anche all'estero, di moltissime poesie in lingua napoletana. Poesie di cui la maggior parte vennero pure musicate e trasformate in successi musicali. Fu anche autore di opere teatrali, tra cui " Assunta Spina". Di sicuro il suo dramma più noto. Prima del " Gambrinus " era uso frequentare assiduamente un altro caffè lo " Strasburgo"

Rocco Galdieri(1877-1923): Poeta e autore dei testi di tantissime canzoni napoletane. Se ne contano circa una cinquantina , e tutte musicate da grandi maestri. Tra le più importanti ricordiamo " 'A femmena" " Buonasera Ammore".

Ernesto Murolo(1876-1939): E' stato tra i costruttori ed i protagonisti della cosiddetta " Epoca d'Oro" della canzone napoletana. Autore di alcune tra le più belle melodie, come " Tarantelluccia" "Mandulinata a Napule" " Nun me scetà"

Libero Bovio(1883-1942): Autore dei testi di molte celebri canzoni in lingua napoletana. Ricordato con una sigaretta perennemente tra le labbra, divenne ben presto uno dei più noti esponenti della cultura napoletana di inizio Novecento. Tra i suoi capolavori ricordiamo: "Passione" "Chiove" "Guapparia" "Signorinella".

Rodolfo Falvo(1874-1337): Compositore spontaneo e immediato appartenne alla schiera di quegli autori che tra la fine dell'Ottocento e i primi decenni del novecento, contribuirono a rendere nota anche all'estero la canzone napoletana. Ciò creando delle melodie che presto divennero dei successi internazionali, tra cui: " Dicintencello vuje" "Canzone a Chiarastella" "Tu nun me vuò cchiù".

Eduardo Nicolardi(1878-1954): Ha regalato alla cultura napoletana una delle più belle poesie d'amore di tutti i tempi " Voce è notte". Nel 1905 entrò a far parte dell'Amministrazione degli Ospedali Riuniti . Dal 1910 al 1950 fu Direttore dell'Ospedale Loreto. Nel 1944, con l'arrivo a Napoli delle truppe anglo-americane, e la divisione francese composta da marocchini, il reparto maternità andò in subbuglio. L'anno dopo nasceva così la famosa " Tammurriata Nera". Insieme a Evemero Nardella su un tavolo del " Gran Caffè Gambrinus" scrissero a quattro mani, per immediata ispirazione, le note di un gioiello di canzone che si intitolava " Mmiez' 'o grano"

E'a sera, sott' o pàsteno

D'e mmele annurche, passa
Stu core sempe giovane

Ca ride e ch'arrepassa...
E'a luna, pazzianno se
Nu' ramo en'atu ramo
'nterra, cu 'e file d'evera,
ricama nu ricamo...
Oje Stella, Ste'... ch'aspiette nu signale,
'o ggrano ammaturo è culor d'oro;
E sti capille tuoje so' tale e quale...
E'o ssaje ca i' mme ne moro,
si 'mmiez 'o ggrano , nun mm'e ffaje vasà!

II
Quanno 'e marite dormono,
stracque 'e fatica ancora,
ll'ammore, che sta pèsole, sceglie'a quartata'e llora
St'arille comme cantano sott'a luna chiara!
E comm'addora 'o ccanapa p'e tuorno a 'sta pagliara...
Oje Stella, Ste'... ch'aspiette nu signale,
'o ggrano ammaturo è culor d'oro:
E sti capille tuoje so tale e quale...
E'o ssaje ca i mme ne moro,
si 'mmiezz'o ggrano, nun mm'e ffaje vasà!

III
Ma tu nun duorme :è inutile ... stu core tuojo mme sente
Quanno, p'e sott'a ll'albere, passo annascostamente...
E ghiesce fore pallida, bella comm'a nisciuna...
E'a luna, zenniannoce, cuffea sta 'mpesa 'e luna!
Oje stella, Ste'... ch'aspiette nu signale ,
'o ggrano ammaturato è culor d'oro:

E sti capille tuoje so' tale e quale . . .
E 'o ssaje ca i' mme ne moro,
si 'mmiez o grano, nun mm'e ffaje vasà!

 Altri noti frequentatori del' " Gambrinus" degli anni d'oro, furono Francesco Paolo Michetti, Carlo Siviero pittore e scrittore, Attilio Pratella, Vincenzo La Bella. Artisti le cui opere sono custodite nelle Gallerie e nei Musei di tutto il mondo. Tra tanta genialità, spicca indubbiamente la figura di Gabriele D'Annunzio.
Il poeta visse a Napoli dal 1891 al 1893 e in questi anni frequentò assiduamente il " Gambrinus". Locale nel quale , per una scommessa fatta con Ferdinando Russo, nella redazione del quotidiano " Il Mattino", scrisse un testo napoletano. Testo il quale musicato da Francesco Paolo Tosti, fu lanciato dall'editore Ricordi nel 1904. In seguito il D'Annunzio, su uno dei marmi del

 locale ricopiò tali versi. Ciò a titolo di indennizzo nei confronti del già citato Ciccillo per le consumazioni mai pagate.

  'A VUCCHELLA
  Si somm'a nu sciorillo
  Tu tiene na vucchella
  Nu poco pocorillo
  Appassuliatella.
  Meh, dammillo, dammillo.
  E' comm'a na rusella –
    Dammillo nu vasillo
  Dammillo, cannetella!
  Dammillo e pigliatillo,
  nu' vaso piccerillo
  comm'a chesta vucchella
  che pare na rusella
  nu poco pocorillo
  appassuliatella . . .

Anche Ferdinando Russo aveva l'abitudine di rintanarsi nelle sale del " Gambrinus" per comporre quelle " macchiette" che poi il cantante Nicola Maldacea eseguiva al " Salone Margherita".

Da un'idea di Edoardo Dalbono il " Gambrinus" bandì un concorso a premio per una novella sul navigatore e inventore della bussola, Flavio Gioia. La giuria aveva fatto sapere che il premio, per loro volere, sarebbe stato assegnato alla composizione più breve. Vinse Ferdinando Russo con l'elaborato dialogo : " Flavio". "Gioia" "Ancora un bacio!". " No, amore mi faresti perdere la bussola". In relazione a ciò Russo, col volgere degli anni, prese l'abitudine di improvvisare e di scrivere sul dorso di piccoli biglietti alcune delle sue " macchiette" che poi facevano il giro dei caffè chantants. Russo presiedeva il " Tavolo delle Burle ". Fucina di beffe che facevano ridere tutta Napoli, in quanto , venivano presi di mira, per lo più, i personaggi più strambi che frequentavano il locale. Un giorno si presentò un panciuto signore di nome Cardillo; equivocando volutamente sul cognome , che è la versione napoletana di "Cardellino", un altro frequentatore, Gennarino Abbate famoso in tutta Napoli per i suoi scherzi, lo chiamò Frungillo che , in italiano, corrisponde al " Fringuello" . Il signor Cardillo si offese tremendamente e sostenendo che Cardillo è nome di uccello raro e pregiato, mentre Frungillo è nome di uccello comune e vile, mandò il cartello di sfida all'Abbate. Per la mediazione dei padrini il duello fu evitato, ma da quel giorno, al "Gambrinus", il signor Cardillo rimase per tutti il " Signor Frungillo".

Un'altra importante sfida, originata dal " tavolo delle burle", fu quella che vide protagonista il Cavalier Cirillo e il Duca Del Pezzo. Era stato fatto credere al Cirillo, uomo estremamente narcisista, il quale vantava una discendenza da Domenico, illustre medico martire della rivoluzione del 1799, che nel quartiere San Ferdinando, ove si era presentato alle elezioni Giovanni Porzio, molte migliaia di persone avevano votato il suo nome. Ma che, naturalmente, le schede erano state annullate in quanto lui, il Cavalier Cirillo, non risultava fra i candidati. "Moralmente, il vincitore delle elezioni siete voi" , gli disse il Duca Del Pezzo. Il cavaliere gli credette talmente che nelle elezioni successive pose la propria candidatura; e, com'era da prevedersi, fu silurato. Non appena scoprì la verità. Cirillo sfidò a duello il Duca. Ma anche stavolta venne organizzata una beffa nei suoi confronti. Sia Cirillo che Del Pezzo furono fornite pistole caricate a salve. Sparò per prima Cirillo, e il Duca finse di abbattersi a terra al suolo morto. Emozionatissimo, il Cavaliere Cirillo corse al "Gambrinus" gridando: " L'ho ucciso, L'ho ucciso! ". Gli rispose la risata di tutti gli avventori mentre alle sue spalle , da un tendaggio, faceva la sua apparizione l'incolume Duca Del Pezzo. Altro personaggio, che può dirsi abbia trascorso quasi tutta la vita nel "Gambrinus", fu Paolo De Notaristefani. Ultimo di una grande famiglia di magistrati, aristocratico e gaudente, era anche nipote del Marchese di Caccavone, dal quale aveva ereditato un acre spirito satirico. Consigliere della Corte D'Appello, il Marchese era comunemente chiamato dagli amici Paolaccio (stazzava circa un quintale e mezzo). Aveva fondato la società " AS et Gaster" e non v'era giorno che i soci di codesta associazione, non partecipassero ad un banchetto enorme e gigantesco. I più famosi dei quali furono ricordati in versi e in pittura dai poeti e dai pittori soci dello stesso sodalizio: tra tali opere ricordiamo le tele "La cena dei Cardinali" e "Il trionfo di Paolo".

    Nella la schiera dei frequentatori, non possiamo dimenticare : il Marchese Giuseppe Caravita, Principe di Sirignano. Persona altamente munifica, destinò gli ultimi piani di uno degli edifici dell'elegante rione che portava il suo nome a pittori e scultori. In quelle case, spalancate sull'incantevole panorama della città, di fronte al mare, costoro crearono i loro più celebri capolavori. Anch'egli fu poeta ed i suoi versi furono musicati da Francesco Paolo Tosti. Al "Gambrinus", al tavolo del Principe di Sirignano, era costantemente presente una vera accademia di talenti. Intanto, man mano che ci si allontanava dagli inizi del Novecento, il " Gambrinus " divenne sempre più anche punto di riferimento di un culto nostalgico di una Napoli oramai passata. Ciò, però, mai arrecò danno alla immagine del locale, che continuò a svolgere, anche negli anni tra le due guerre, il ruolo di cenacolo culturale. Non solo, in quanto era anche luogo di incontro per intese o affari. Infatti, ivi, il giovane attore incontrava il suo capo-comico, il candidato politico si conquistava i voti , il consigliere municipale si apriva la via dell'assessorato. Il neo avvocato trattava con il primo cliente.

La vita del "Gambrinus", comunque, continuò a fiorire senza alcun serio problema sino agli anni Trenta. Dopo iniziarono, invece, a fare capolino alcuni seri problemi.
Il " Gambrinus", proprio perché libero luogo di convegno e incontro, mai legato ad alcun orientamento politico, fu ritrovo sia di oppositori al Regime, che di fascisti. Tra costoro ricordiamo le assidue presenze di Aurelio Padovani, Andrea Carafa e Raffaele Paolucci. Tra i frequentatori di questo periodo vi furono pure Vincenzo Tecchio ed il cav. Vincenzo Chirico. Uomo di aspetto fiero e sempre accompagnato da un bastone.
Iniziato un triste periodo di decadenza, legato anche ad un mutato clima politico che si respirava in città, il " Gambrinus" conobbe un nuovo, anche se purtroppo effimero, momento di splendore. Ciò, grazie all'impegno di Giovanni Izzo. Nel 1932 la Prefettura di Napoli, la quale mal tollerava questa italietta liberale che il regime voleva seppellire, aprì un fascicolo di inchiesta e indagine a suo danno. L'iter burocratico si concluse il 5 agosto 1938, giorno in cui il Prefetto di Napoli Giovanni Battista Marziale ne ordinò la chiusura. La motivazione ufficiale fu che veniva posto fine alla sua attività per " ragioni di moralità e pubblica sicurezza essendo frequentato da donnine vaganti e elementi indesiderabili, noti alla Questura per le loro losche attività". Fu così, con un atto burocratico, privata la città di un locale pubblico

che dai napoletani era amato quanto il proprio mare ed il Vesuvio. Con voce sommersa era però possibile ascoltare, tra il parlare del popolo, un dire sempre di più inesistente il quale andava affermando che il vero motivo della chiusura era da attribuire al suono dell'orchestrina esterna – si era in estate – che disturbava il riposo del Prefetto. Si disse, infatti, che la moglie del Prefetto, ammalata di nervi e sofferente di insonnia, non potesse sopportare i suoni, i canti e i rumori che venivano dal Gambrinus sino a tarda notte.

Fortunatamente il provvedimento non venne applicato in modo integrale. Al " Gambrinus " veniva lasciata una sola sala, per poter continuare, in modo ridotto, la propria attività. La parte principale, consistente nei quattro vani prospicienti in Piazza Plebiscito ed il salone che dava su Piazza Trieste e Trento, venne ceduta al Banco di Napoli. In tal modo quegli splendidi locali, ricchi di storia, memorie e tradizioni divennero unicamente le mura che contenevano una semplice agenzia di un istituto di credito. Ovviamente, tutto ciò che artistico fu possibile recuperare venne asportato. Restarono solo le decorazioni, gli affreschi ed i bassorilievi a perenne ricordo di un passato splendore. I lavori di adattamento dei locali alla nuova funzione che adesso si trovavano a vivere, vennero affidati ad Aldo Ciarnelli ex collaboratore di Curri. Questi, con molto buon senso, lasciò inalterato l'impianto decorativo interno.

Il 28 gennaio 1939, sul giornale " Omnibus " diretto da Leo Longanesi, apparve un articolo inerente la chiusura del " Gambrinus ", a firma Alberto Savinio, che riportiamo integralmente:

Il " Gambrinus " non c'è più: per una inesplicabile sostituzione, il posto del vecchio e glorioso caffè è stato usurpato . Eppure il Gambrinus c'era: non tre anni fa , come da una inattesa succursale del Banco di Roma(è il Banco di Napoli) e l'antico Leopardiano " Caffè d'Italia" , ma solo pochi mesi addietro. Stava qui, con i suoi vetri , i suoi ori, le sue luci ... L'aria di Napoli è esiziale ai bei caffè come le rose sono mortali agli asini. Con le sue sale dorate a i suoi tavolini di cioccolata, i suoi divani di velluto rosso e le sue grandi vetrine aperte su piazza San Ferdinando e su piazza Plebiscito. Il Gambrinus era meno un caffè che un monumento, una istituzione, uno dei gangli vitali di questa città. Perché è stato ucciso ? ... Il Gambrinus riunì intorno ai suoi tavolini tutta l'agorà intellettuale del suo tempo, dai paladini della Kuctur a D'Annunzio giornalista, da Scarfoglio a Salvatore Di Giacomo, da Roberto Bracco e Ferdinando Russo, da Gemito a Zola, e a Maupassant, da Oscar Wilde a Renan e a Flammarion ..."

Dopo queste trasformazioni il " Gambrinus " divenne così solo un piccolo bar, anche se con un nome che ancora incuteva rispetto. Il pacchetto azionario della Società che lo gestiva passò allora ai fratelli Esposito, per poi andare ai fratelli Laganà prima ed ai fratelli Castaldi dopo. Successivamente, venne infine rilevato da Michele Sergio.

Questi, volendo che il locale riacquistasse il proprio prestigio, in modo integrale, nonché i propri spazi " storici ", nell'arco di circa vent'anni, presentò diverse istanze alla Amministrazione Provinciale affinchè revocasse il beneficio del fitto al Banco di Napoli e restituisse i locali al suo " Gambrinus ".

Tanto impegno ebbe il suo risultato positivo. Infatti con lo scorrere degli anni, iniziò gradatamente la restituzione dei precedenti locali al " Gambrinus ".

I primi risultati positivi non si ebbero però con Michele Sergio, che aveva rilevato la piccola azienda il 22 agosto 1973, bensì successivamente con i suoi figli Arturo ed Antonio. Con l'arrivo a Napoli di una epidemia di colera, l'attività del locale subì un nuovo periodo di crisi. Ciò, soprattutto, in quanto tra la gente del popolo girava voce che la malattia veniva trasmessa da individuo ad individuo in modo maggiore attraverso gli utensili di uso comune presenti nei locali pubblici.

Superata anche questa difficoltà Michele Sergio, poiché dall'Amministrazione Provinciale continuava a non ricevere alcuna risposta alle tante missive spedite di venire in possesso dei precedenti locali che erano appartenuti al " Gambrinus " si rivolse allora direttamente al Presidente della Repubblica.

La risposta gli giunse attraverso il Ministero dell'Interno. In essa si affermava che nulla poteva essere fatto a suo favore, in quanto negli archivi non era stata trovata la disposizione redatta a suo tempo dal Prefetto Marziale.

Non domo, Michele Sergio iniziò allora, previa autorizzazione, a cercare personalmente negli archivi della Prefettura, l'ordinanza di cui non si trovava traccia. Intanto, il 1° settembre 1981, dopo circa un decennio di serrato impegno, giunse il primo risultato positivo: il Gran caffè riacquistava il salone d'angolo.

Nel 1997 Michele Sergio muore, mentre i figli Antonio ed Arturo gli subentrano, non solo nella direzione del " Gambrinus ", ma anche nella lotta per acquisire tutti gli antichi spazi ancora mancanti. Nel 2001, la lunga controversia, durata circa trent'anni, con il Banco di Napoli si definisce anch'essa positivamente : anche gli spazi che affacciano su Piazza del Plebiscito ritornano al locale. Nel momento in cui si riaprono come parte integrante del " Gambrinus ", l'intera struttura viene intitolata allo scomparso Michele Sergio.

Il futuro dell'attività sarà nelle mani di Michele e Massimiliano, rispettivamente figli di Arturo e Antonio. Affermano i titolari << Siamo convinti – scommettono i genitori – che riusciranno a gestire il locale con lo stesso impegno, la dedizione e l'entusiasmo che hanno contraddistinto noi e nostro padre, d'altronde il Gran Caffè Gambrinus è un luogo ricco di magia. Davanti a sé ha ancora tantissime pagine di storia da scrivere >>. # intervista riportata su La Repubblica, per i festeggiamenti dei 150 anni del " Gambrinus ", anno 2010.

In conclusione altro non ci resta da dire se non che il " Gambrinus " è indubbiamente uno dei locali più belli del mondo. Un locale in cui si respira un'atmosfera unica, in bilico tra passato e presente. Nei suoi locali sembra di entrare e rivivere la storia di

Napoli. Motivo questo per il quale i napoletani lo considerano non solo un salotto culturale, ma anche e soprattutto un luogo di culto.

Lightning Source UK Ltd.
Milton Keynes UK
UKHW011109060223
416538UK00001B/159